dialogisch erziehen

Mathias Wais

dialogisch erziehen

BEZIEHUNG UND METHODE IN DER ERZIEHUNGSPRAXIS

GESUNDHEITSPFLEGE initiativ
Gemeinnützige
Bildungsgesellschaft mbH
Esslingen am Neckar

Bibliografische Information Der Deutschen Bibliothek
Die Deutsche Bibliothek verzeichnet diese Publikation in der Deutschen Nationalbibliografie; detaillierte bibliografische Daten sind im Internet über <http://dnb.ddb.de> abrufbar.

Gedruckt auf umweltfreundlichem,
chlorfrei gebleichtem Papier

Erweiterte Fassung zweier Vorträge beim Hamburger Akademietag des Hardenberg Institutes (September 2010). Der Text enthält Passagen aus der Broschüre des Autors *Das Kind ist der Zukunft näher als der Erwachsene*

1. Auflage 2011

gemeinnützige Bildungsgesellschaft mbH
Paracelsusstraße 33, D-73730 Esslingen
http://www.gesundheitspflege.de
http://www.maennerleben.com

Umschlaggestaltung, Grafiken, Satz:
PRmed-Consulting, Esslingen

Druck: Druckerei Steinmeier, Nördlingen

ISBN 978-3-932161-78-0

Beginnen wir mit dem Bericht einer Episode, die sich in den Zwanziger Jahren des letzten Jahrhunderts in Stuttgart zugetragen hat in der ersten Waldorfschule:
Einige Schüler traten eines Tages an Rudolf Steiner heran, den Inspirator und Mentor der Schule, und baten ihn dringlich um ein Gespräch. Er setzte sich noch am selben Tag mit ihnen zusammen, forderte sie auf zu formulieren, was ihnen auf der Seele liege. Sie würden bei einigen Lehrern zu wenig lernen, sagten sie, sie fühlten sich unterfordert. Sie könnten deshalb diesen Lehrern gegenüber nicht in der Weise Achtung aufbringen, wie sie das gerne täten.
Steiner tritt mit den jungen Leuten in ein ausführliches und offenes Gespräch ein, in dem die Schüler ihre Auffassung genau begründen konnten. Das Ergebnis: Vier Lehrer dieser Klasse wurden durch andere Lehrer ersetzt.

So leuchtet hier, am Anfang der Zwanziger Jahre, **ein ganz neues Bild vom Kinde** auf: Steiner nimmt die Kinder in einer damals noch nicht dagewesenen Weise ernst als Persönlichkeiten, deren Sichtweise, deren Erleben, deren Überlegungen und deren Wollen in sich berechtigt sind. Nicht mehr die Anpassung des Kindes an die Normen und Werte der Erwachsenenwelt ist Maßstab für die Beurteilung kindlichen Denkens, Wollens und Handelns, sondern die kinder- und altersspezifischen Belange und Sichtweisen selbst. In diesem Moment hört Erziehung auf, das Kind der Erwachsenenwelt nur unterordnen zu wollen.
Das Kind soll also angesprochen und gehört werden in seiner eigenen Weltsicht, in seinem eigenen Erleben. Dabei werden seine einzelnen Entwicklungsschritte als sinnvolle und notwendige Lebensphasen gesehen, nicht einfach nur als ungeschlachte Vorphasen des Erwachsenseins.

Es erscheint hier also ein ganz neues Kinderbild. Während das Kind davor wie eine Art Wilder gesehen wurde, den es zu bändigen und formen galt, erkennt man jetzt, dass es auf Entwicklung angelegt ist, die in sich ihre Berechtigung und Würde hat. Damit ist das Kind aber auch auf Zukunft angelegt. Die altersspezifischen Bedürfnisse, intellektuellen Möglichkeiten und seelischen Verträglichkeiten müssen, diesem Entwicklungsgedanken zufolge, so gefördert werden, dass aus ihnen der jeweils nächste Entwicklungsschritt hervorgehen kann. Das Spätere baut auf dem Früheren auf. Wie in einem verborgenen Kern wohnt demnach dem Kinde seine Zukunft bereits ein. Um diese Zukunft ausfalten zu können, muß es seine Entwicklungsphasen vollständig und ungestört durchlaufen können. Die gesellschaftliche Stellung des Kindes wird damit die einer Option auf die Zukunft – auf seine persönliche Zukunft, aber auch auf die Zukunft der Gesellschaft und des Menschen überhaupt.

Soweit die ideelle Ebene dieses Kinderbildes. – Im konkreten familiären Zusammenleben mit dem Kind freilich erscheint die sich als Förderung verstehende Erziehung bald jedoch mit einem Gestus, der zeigt, dass Eltern und manchmal auch andere Erziehende mit dem Gedanken von der Eigenständigkeit und Eigenberechtigung kindlicher Entwicklung oft noch überfordert sind. Wir sehen dies daran, dass die Haltung der Kindheit gegenüber bald bei vielen Eltern eine ängstliche und überbehütende wird. Zwar werden die Eigengesetzlichkeiten der einzelnen Entwicklungsstufen anerkannt, aber der Blick des Erziehenden verfängt sich rasch in den Gefährdungen und Unzuträglichkeiten, denen Kinder heute ausgesetzt sind. Gerade pädagogisch interessierte Eltern sind oft besetzt von dem angespannten Bemühen, vom Kinde fernzuhalten, was ihm eben irgendwie unzuträglich sein könnte.

Seit den Achziger-Jahren fällt es auf, dass viele Eltern sich nicht mehr trauen, unbefangen mit dem Kind zusammenzuleben. Alles, was man am Kinde und in seiner Gegenwart tut, soll *pädagogisch richtig* sein. Kindheit erscheint als eine höchst gebrechliche und gefährdete Lebensphase. Pädagogische Fehler, so fürchtet man, könnten die ganze Zukunft des Kindes beeinträchtigen. Man schafft sich deshalb Erziehungsratgeber bändeweise an, abonniert Elternzeitschriften, weil man sich auch noch beim alltäglichsten Vorkommnis wie einer kleinen Frechheit des Kindes informieren und vor allem rückversichern möchte, wie jetzt wohl *pädagogisch richtig* damit umzugehen sei. Fragen des Taschengeldes, der Gestaltung des Familienurlaubes, aber auch der frühen und frühesten Erkennung eventuell sich anbahnender Entwicklungsprobleme werden ebenso gewissenhaft wie angespannt erörtert. Aber die Souveränität und die Intuition des Erziehenden, der ein Gespür hätte für das Kind, weil er mit ihm in ständigem Dialog stünde, geht oft verloren.

Ein Beispiel: Es ist Sonntagvormittag bei Familie Schulze. Auf Vorschlag von Frau Schulze spielt Herr Schulze, der eigentlich lieber zum Sporttraining gegangen wäre, mit dem sechsjährigen Sohn Amadé an der Holzeisenbahn. Man hatte sich Weihnachten für diese Ausführung entschieden, weil die Teile hier an den Kanten abgeschliffen sind und die Gefahr relativ gering erschien, dass Amadé sich daran verletzen könnte. – Die achtjährige Solveig übt bei der Mutter in der Küche auf der Flöte, während

diese kocht. Solveig wollte zwar lieber in ihrem traumhaft eingerichteten Kinderzimmer üben, aber die Mutter meinte, Solveig brauche ihre ständige Ermutigung. – Frau Schulze entscheidet sich heute wieder für die Buchstabensuppe. Das tut sie öfter in letzter Zeit, denn Amadé kommt bald in die Schule, und da soll er schon mal spielerisch an die Form der Buchstaben herangeführt werden.
Solveig hat dann keine Lust mehr zu üben. Sie lockt das Spiel an der Eisenbahn. Amadé will das aber nicht und außerdem findet die Mutter, dass *die Männer*, wie sie sagt, auch zusammen etwas tun sollten. So holt sie Solveigs batteriebetriebenes Spielbügeleisen aus deren Zimmer und ermuntert ihre Tochter, ein paar Geschirrtücher zu bügeln. Als ein Geschirrtuch anbrennt, lächelt Frau Schulze milde.
Nach dem Mittagessen geht man in den Zoo. Während die Mutter bei jeglichem Gehege begeistert ausruft *Schaut mal hier!*, sucht Amadé nach dem Eis-Kiosk. Der Vater prüft inzwischen die Klettergerüste am Spielplatz auf ihre Sicherheit, um sodann genaue Anweisungen an seinen Sohn geben zu können: Die Rutsche und die

Rohre zum Durchschlüpfen sind offenbar in Ordnung; das Bogengerüst freilich ist sehr hoch, außerdem stellenweise etwas rostig. Amadé könnte sich die Haut aufreissen oder gar herunterfallen.
Wieder zuhause, beim Nachmittagskaffee, patscht Amadé auf der Sahnetorte herum und verschüttet seinen Kakao. Solveig gähnt und will fernsehen. Frau Schulze beschließt, morgen den Kinderarzt nach einem pflanzlichen Appetitanreger für Amadé zu fragen. Am Abend, als die Kinder im Bett sind, diskutiert sie mit ihrem Mann über die Frage, ob Solveig vielleicht zu wenig Schlaf hat....

So kann das Kind in einer angespannten Weise in den Mittelpunkt geraten, wie es weder ihm noch den Eltern guttut. Und das Leben der Eltern als Ehepaar gerät darüber oft vollständig in den Hintergrund. Das ganze Familienleben ist darauf ausgerichtet, den Kindern eine heile und sorgenlose Kindheit zu schaffen, um ihnen damit eine glückliche Zukunft zu garantieren. **Hier ist ein Entwicklungsgedanke zu erkennen, der zur Überhöhung und Idealisierung von**

Kindheit geriet. In die Beziehung zwischen Kind und Eltern schleicht sich etwas Angespanntes ein. Und wenn Amadé, Kevin oder Jason sich durch kleine Provokationen und Grenzüberschreitungen von dieser Angespanntheit wieder etwas entlasten, werden sie einer Therapeutin, einem Kinderpsychologen oder einem Heilpraktiker vorgestellt.

Es kommt hier zu einem Denkmuster, das wir Hochrechnung nennen können: Wenn mein Kind im Kindergartenalter mit zuviel Technik in Berührung kommt, dann wird es durch die Sachlichkeit und Gefühlsleere der technischen Vorgänge und Apparaturen seiner unbeschwerten Kindheit entrissen und ist in Gefahr, vorzeitig an Gefühlsarmut zu verdorren. – Wenn mein Kind miterlebt, dass mein Mann und ich uns streiten, dann wird es später selbst Partnerschaftsprobleme haben. – Wenn mein Kind zuviel Einschränkungen erfährt, dann wird es später sich nicht frei entfalten können.

Wir habe es hier mit einem ins Kausale verengten Entwicklungsgedanken zu tun, der den Naturwissenschaften entnommen ist und der

dazu geführt hat, das Kind nur noch als Produkt seiner Erziehung zu sehen. Eine junge Mutter brachte es auf den Punkt, als sie, ihr Neugeborenes im Arm, ihren Mann anstrahlte und ausrief: *Wir werden ihn zu einem guten Menschen machen!*.

Hier spricht sich ein pädagogischer Größenwahn aus, der die im 20. Jahrhundert fortschreitend angeschwollene Überschätzung von Erziehung als ein Hinziehen, ein Hinbiegen zu etwas auf den Punkt bringt. Der ursprüngliche Entwicklungsgedanke wird hier durch die Illusion ersetzt, der Mensch erschöpfe sich in dem, was man aus ihm machen kann. Die Eigengesetzlichkeiten der Entwicklungsalter interessieren dann nur noch in methodischer Hinsicht – als Hintergrund für die Anwendung von Strategien, das Kind zu formen entsprechend einem Bild, das einem vorschwebt, und, im zugespitzten Fall, wenn es sich nicht so entwickelt, wie der Erziehende sich das vorstellt, zu manipulieren, ja, zu beherrschen.

Andererseits, wenn wir wach sind und Erziehung eben nicht mit Beherrschen verwechseln, werden wir irgendwann folgendes beobachten können: Sobald die Kinder in das Alter kommen, da sie die nächtliche Beach-Party am Baggersee dem abendlichen Halma-Spielen mit den Eltern vorziehen, kann uns das Gefühl beschleichen, alles falsch gemacht zu haben in der Erziehung. Pädagogische Ratgeber haben wir nach Metern im Regal stehen; wir haben Nächte mit Diskussionen mit unseren Ehepartnern darüber verbracht, ob Mike Horatio den ferngesteuerten Autokran schon zum fünften oder erst zum sechsten Geburtstag bekommen soll. Die Frage, welche Fernsehsendungen für unser Kind geeignet oder auch nur zumutbar sind, hat unsere Ehe mehrmals an den Rand des Untergangs gebracht. Immer wieder haben wir Schulpsychologen, Heilpädagogen, Therapeuten und schließlich Naturheiler mit dem Mirakel beschäftigt, weshalb unsere Tochter Lisa Marie Cheyenne so miserable Noten in Englisch schreibt, wo doch die Eltern beide mit einer erstaunlich guten Note in Englisch abgeschlossen hatten. Unter Einbezug zweier Rechtsanwaltskanzleien haben wir Eingaben gemacht an die Schulbehörde, weil unser Sohn Jason Brooklyn Alexander von seinem Mathe-Lehrer ungerecht behandelt wurde.

Und jetzt aber, wenn die Kinder ihre eigenen Wege suchen, stehen wir wie gelähmt vor der Tatsache, dass sie Seiten entwickeln, zu denen wir sie gar nicht erzogen haben, Seiten, die wir ihnen nicht zugetraut, an die wir gar nicht gedacht hatten; Seiten auch, deren Entfaltung wir meinten vorgebeugt zu haben.
Und später, wenn diese Kinder als Erwachsene selbständig ihr Leben in die Hand nehmen und mit Selbstverständlichkeit in einer Welt zurechtkommen, die wir für sie als gefährlich und fast unzumutbar angesehen haben, ist die Erkenntnis kaum zu umgehen, dass unsere Kinder noch etwas ganz Anderes sind, jemand ganz Anderes sind, als was wir immer in ihnen gesehen haben. Und wir werden das Gefühl nicht mehr los, den Kindern, ihrer Individualität und ihren ganz persönlichen Fähigkeiten und Möglichkeiten mit unseren pädagogischen Bemühungen gar nicht gerecht geworden zu sein.

In dieser für manchen enttäuschenden und oft mit Schuldgefühlen beladenen Erkenntnis tritt ins Bewußtsein, was wir die **pädagogische Differenz** nennen können. Sie besteht darin, dass unsere erzieherischen Bemühungen offensichtlich nur einen Teil – nur einige, vielleicht sogar nur wenige Seiten – der Persönlichkeit unseres Kindes erreicht haben oder – im Extremfall – überhaupt an diesem Kind vorbeigegangen sind. Das einzelne Kind ist heute offensichtlich immer noch mehr und etwas Anderes, als was unser pädagogischer Eifer im Visier hatte. Es ist nur leicht zugespitzt, wenn wir aus solcher Erkenntnis heraus sagen: Wir haben unser Kind letztlich gar nicht gekannt. Wir haben es in diesen seinen individuellen Möglichkeiten nicht, jedenfalls nicht umfassend, gekannt.

So schmerzlich, enttäuschend und belastend diese Erkenntnis sein mag – es konnte, bei Lichte betrachtet, gar nicht anders sein. Denn zunächst handelt es sich einfach um die **Differenz zwischen allgemeiner Methode und deren individueller Anwendbarkeit**. Pädagogische Prinzipien, Regel- und Wertewerke, erzieherische Methoden und Maßnahmenkataloge, so durchdacht und ausgearbeitet sie auch sein mögen, können vielleicht dem Kind ganz allgemein, seiner Altersstufe, seinem Temperament etc. angemessen sein, müssen aber dieses individuelle Kind deshalb noch lange nicht erreichen. Was für den Durchschnitt und den Typ gelten mag, kann am konkreten einzelnen Kind dennoch vorbeigehen. **Denn die Individualität läßt sich prinzipiell mit allgemeinen, allgemeingültigen Gesichtspunkten und Kriterien nicht erfassen. Die Individualität ist der Widerspruch zur Methode.**

Diese Individualität tritt heute aber früher und kraftvoller hervor als noch in der vorhergehenden Generation. Das dürfte seine Richtigkeit haben, denn die heutigen und zukünftigen Lebensverhältnisse sind augenscheinlich komplexer und werden mit den bisher gültigen Regeln, Kulturtechniken und Werten kaum zu bemeistern, geschweige denn weiterführend zu gestalten sein. Die Arbeitswelt, die traditionellen Formen des sozialen Zusammenlebens sind im Umbruch. Ein qualitativer Entwicklungsschritt scheint für die Gesellschaft anzustehen. Diesen anzupacken und in neue Formen der Arbeit, neue Formen des Sozialen hineinzuführen, wird Aufgabe der uns nachfolgenden Generation sein. Eltern können deshalb ihren Kindern nicht mehr einfach die Welt nur *zeigen*, sie können diese nur noch begrenzt einweisen, weil sie gar nicht absehen können, was an Neuem und Anderem sich entwickeln wird. Die uns nachfolgende Generation scheint dafür schon im Ansatz anders gerüstet zu sein als die Eltern-Generation, ja sie scheint ganz anders daran interessiert zu sein.

Insofern überholt deshalb heute die nachfolgende Generation die vorhergehende, und zwar schon in dem, was sie an ausgeprägter Individualität, an neuen Talenten und an interessierter Offenheit für die heutigen Weltverhältnisse mitbringt.

Pädagogik als Erziehung zu etwas und als Einweisung in Traditionen, in Rollenbilder, in Werte und Haltungen, wie sie für die Eltern gelten, gleicht deshalb dem Rasen des Hamsters im Rad. Es ist gut für seine Durchblutung, aber von einem Weiterkommen läßt sich nicht sprechen.

Der von Rudolf Steiner veranlagte neue Entwicklungsgedanke bejaht demgegenüber aber das Eigensein des Kindes noch in die Zukunft hinein, und zwar mit dem Bewußtsein des Erziehenden, diese Zukunft nicht zu kennen. **Erziehung kann deshalb, genau genommen, gar nicht mehr zu etwas erziehen wollen. Wenn das volle Wesen des Menschen sich in die Zukunft hinein ausfaltet, dann kann dieses Wesen nicht schon im vorhinein bekannt oder gar in seiner konkreten Ausprägung bestimmbar sein.**

Hierin dürfte der tiefere Grund für die oben schon erwähnte Ängstlichkeit liegen, von der heute viele Eltern beherrscht sind. Als Erziehende begleiten und fördern wir das Kind zu einer Zukunft hin, die logischerweise unbekannt ist. Die immer neue Zweifel säende, nie zu sättigende Frage, was das *Richtige* für das Kind ist, macht anfällig für die Versuchung, seine Zukunft doch kennen oder bestimmen zu wollen, wenn auch sicherlich in bester Absicht. Und aus Förderung und Begleitung wird dann mit Mal Therapie. Es ist in den letzten Jahren in diesem Zusammenhang geradezu ein therapeutischer Furor entstanden. Ein Kind, das nicht sogleich das Denken und Verhalten zeigt, welches lehrbuchgemäß von seinem Entwicklungsalter zu erwarten wäre, wird umgehend einer therapeutischen Maßnahme unterstellt. So will man sicherstellen, dass das verträumte Mädchen eine ehrgeizige Frau wird, der in Waffen vernarrte Junge kein gewalttätiger Mann, der uninteressierte Schüler doch noch die Reifeprüfung ablegen kann, und was der Wünsche mehr sind.

Wir sehen also, wie das neue Kinderbild, gerade weil es zukunftsgerichtet ist, im Alltag uns oft noch überfordert. Wir sehen, wie es einerseits zur Idealisierung von Kindheit und zur Überschätzung von Erziehung führen kann. Wir sehen aber auch, wie Erziehung schnell sich zu verabschieden bereit ist, und einer reparierenden und anpassenden Therapie Raum gibt.
Worauf es aber ankäme, das wäre eine Erziehung, die ihre Hauptaufgabe darin sieht, einen kommunikativen Raum aufzuspannen, in welchem das Kind zugleich in seinem Eigensein geborgen und befragt ist und gleichzeitig geführt ist und Orientierung hat dadurch, dass

der Erwachsene als authentische Person, nicht als Vollstrecker einer Methode, sich dialogisch dem Kinde zeigt. Vorleben ist wichtiger als Vorschriften zu machen. Miteinander tun ist wichtiger als Anweisungen zu geben. Beim Suchen zu helfen ist besser als beim Finden zu helfen. Und das Kind in seinen eigenen Gedanken und Gefühlen wahrzunehmen ist wichtiger, als ihm vorgefertigte Ziele vorzusetzen.

Wir können heute erleben, dass viele Kinder wie unberührt und unabhängig von Erziehung ihren Weg finden und gehen. Verfolgt man die weiteren Lebensläufe von Kindern, so kann man zu dem Eindruck kommen, dass viele Kinder nicht wegen, sondern trotz überspannter oder andererseits sich selbst verabschiedender Erziehung später ganz normale Menschen werden. Offenbar brauchen Kinder Erziehung im Sinne der Erziehung zu etwas nicht in dem Maße oder nicht in der Art, wie das landläufig gedacht wurde. Was sie aber offensichtlich brauchen, das ist die Schutz, Halt und Orientierung gebende Präsenz des Erwachsenen, seine ganz individuelle Präsenz. Erziehung ohne die persönliche Authentizität des Erwachsenen, eine Erziehung also, die sich nur als Anwendung eines Methodenkataloges versteht, enthält dem Kind etwas offenbar Entscheidendes vor. **Fragt man Jugendliche und junge Erwachsene, was sie geprägt, was sie beeindruckt hat, was ihnen Orientierung gegeben hat, so hört man nichts von Methoden und Maßnahmen, sondern man hört Erzählungen von Begegnungen mit authentischen Menschen, die dem Kinde einfach nur das gezeigt und gegeben haben, was sie als Individuen sind.**

Warum also sind wir überhaupt so erziehungswütig? Es liegt wohl daran, dass wir den Menschen so ausschließlich aus seiner Vergangenheit meinen erklären zu können, aus seiner Kindheit. Und wir halten an diesem **linear-kausalen Entwicklungsmodell** trotz gegenläufiger Evidenz fest: Nicht jeder, der als Kind verprügelt wurde, prügelt später selbst seine Kinder. Und nicht jeder, der seine Kinder verprügelt, wurde einst selbst verprügelt. Das fein erzogene Kind kann zum Rohling und Mörder werden – trotz oder wegen seiner erlesenen Erziehung oder

ganz unabhängig davon. Das vernachlässigte Kind, aufgewachsen in der Unzuverlässigkeit früher Beziehungen, kann später ein bindungsstarker Partner sein – trotz oder wegen solcher Erfahrungen oder ganz unabhängig davon.
Solche Beobachtungen zeigen, wie begrenzt und oft unberechenbar erzieherischer Einfluß sein kann. Die erzieherische Aufgabe des Erwachsenen, für das Kind Ziele, Normen und Werte festzulegen, stellt sich insofern etwas bescheidener, aber auch etwas entspannter dar, und jene andere Aufgabe kristallisiert sich heraus, die darin besteht, Entwicklungshilfe, eine Art Coaching, zu leisten, wo sie gebraucht und gefragt ist.

Wir haben ja in der Waldorfpädagogik das unschätzbare Privileg, uns der Bedeutung eines entwicklungs- und zukunftsorientierten Menschenbildes bewußt sein zu können. **Wir dürfen davon ausgehen, dass der Mensch wesensmäßig Entwicklung und damit Zukunft sucht, seine persönliche Zukunft und die weitere Zukunft seiner Generation. Und wir können auch davon ausgehen, dass der Mensch, wenn er auf die Erde kommt, eine Menge mitbringt an**

Zukunftsimpulsen. Man kommt auf die Welt, weil man etwas an ihr will, etwas, das hinausgeht über das, was da ist. Das hat natürlich zunächst nicht die Gestalt ausformulierter Lebenspläne, sondern kleidet sich beim Kinde und beim Jugendlichen in die verschiedensten Ideen und Ideale. Vieles davon erscheint uns Erwachsenen unrealistisch, skurril vielleicht, manches mag uns ängstigen. Dann gilt es, durch das zum Teil ungebärdige Verhalten hindurch herauszuhören, worum es dem betreffenden Kind geht. Und das kann man nur heraushören, wenn man etwas mehr mit dem Kind spricht, statt nur über das Kind.

Seltsamerweise haben wir aber trotz dieses zukunftsorientierten Menschenbildes oft so wenig Vertrauen in das, was im Kind so kraftvoll als Zukunftsmöglichkeit und Zukunftsentwurf steckt. Wir denken oft: *Wenn ich jetzt nicht hier die Bremse ziehe und dort das Kind ermahne und da nicht richtig erziehe, dann gerät das Kind auf eine schiefe Bahn.* Das ist eben das fatale Hochrechnungsdenken. **Komischerweise sind unsere Vorstellungen über die Zukunft unserer**

Kinder viel ausformulierter, was die Gefahren betrifft, als was die positiven Möglichkeiten betrifft. Für das Kind selbst ist es andersherum.

Das hat seine Richtigkeit. Denn in gewisser Weise gehört die Welt eher der nachfolgenden Generation als der vorangehenden. Machen wir uns dazu klar, dass die jeweilige Erwachsenengeneration ihre Zeitumstände im allgemeinen skeptischer einschätzt als die nachfolgende Generation. Das kann eigentlich auch nicht anders sein. Denn die heutige Welt ist nicht mehr die, welche die Eltern einst aufgesucht hatten, als sie selbst auf die Welt kamen. Sie hatten sich damals vorgeburtlich eine noch andere Welt, eine noch andere Zeit ausgesucht, um ihre mitgebrachten Talente und Ziele zu verwirklichen. In der Floskel *zu meiner Zeit*, die ältere Erwachsene oft verwenden, liegt deshalb etwas sehr Wahres: Die heutige Zeit ist nicht mehr unbedingt *meine*, das heißt die, für die ich angetreten bin. – Seitdem hat sich die Welt aber weiterentwickelt und keineswegs nur in Richtung der mitgebrachten Ideale der Eltern. Vielmehr ist in der Regel die Diskrepanz zwischen Erwartung und Wirklichkeit für die Eltern immer größer geworden. Das ist heute nicht mehr die Welt, die sie einst aufgesucht hatten. Auch ganz persönlich wird erkennbar: Manches hat man erreicht, aber Vieles hat man aber nicht erreicht. Vieles ist ganz anders gekommen, als man es – von der vorgeburtlichen Welt her – gesehen hat. Mißerfolge und Enttäuschungen, beruflich, privat, im sozialen Leben sind Fakten des Erwachsenenlebens und sind ebenso selbstverständlich wie Erfolge, Freude, Überraschung und Glücksmomente. Einiges hat sich erfüllt, anderes nicht. Die Elterngeneration hat deswegen eine größere, und zwar kritischere, Distanz zur Welt, wie sie heute ist, als die nachfolgende Generation. **Die Welt heute ist, genaugenommen, viel mehr die Welt der nachfolgenden Generation als die der vorangehenden.**

So kommt es, dass Eltern die Welt heute, wie sie inzwischen geworden ist, als viel komplexer einschätzen als die Welt, in der sie aufgewachsen sind, als undurchschaubarer und sogar bedrohlicher. Und aus dieser in Bezug auf sie richtigen Einschätzung heraus überbehüten und warnen sie ihre Kinder. Diese haben aber eigentlich einen ganz anderen, nämlich unbefangeneren, interessierteren Blick auf die heutige Zeit als ihre Eltern. Sie ist ihnen näher als den Eltern – solange diese ihre Kinder eben nicht überbefürsorgen aus ihrer Ängstlichkeit, Enttäuschung und Verwirrung heraus.

Kinder kennen sehr wohl einen großen Teil der Gefahren, die ihr Lebenszusammenhang mit sich bringen kann. Sie haben uns Erwachsenen aber voraus, dass sie darauf primär mit Interesse und Auseinandersetzungsbereitschaft antworten, während wir defensiv damit umgehen. Kinder wollen erleben, dass wir ihnen im Prinzip zutrauen, mit den schwierigen und auch gefahrvollen Seiten des Lebens zurechtzukommen. Sie wollen nicht erleben, dass wir sie bloß davor verschonen wollen. Und sie wollen erleben, dass sie uns wichtig sind, gerade weil sie so zukunftsgerichtet sind. Sie wollen sich durchaus orientieren an uns, ohne uns aber nachmachen zu müssen, ohne direkt unsere Werte und Normen übernehmen zu müssen. Sie wollen sich auseinandersetzen können mit der Individualität der erwachsenen Persönlichkeit, ihren Ecken und Kanten ebenso wie mit ihrer Einfühlungsfähigkeit und Toleranz, ihrer Milde ebenso wie mit ihrer Klarheit. **Denn nur die Individualität des Erziehenden ruft das Individualitätspotential des Kindes, seine ganz eigenen Talente und Möglichkeiten auf, nicht eine pädagogische Methode an sich.**

Leider wird ja gerade Walldorfpädagogik nicht nur von außen, sondern oft auch intern als ein ein für alle Mal festgelegter Maßnahmenkatalog mißverstanden. Aber worin besteht denn die Freiheit der Freien Waldorfschulen? Rudolf Steiner hat dasjenige, was er diesbezüglich in die Welt gestellt hat, doch an Individualitäten gegeben. Und gerade er, der doch die Bedeutung der Individualität in seinem Menschen- und Weltbild so sehr hervorgehoben hat, muß sich doch im klaren darüber gewesen sein, dass es Individualitäten sind, die seine Impulse und Anregungen aufnehmen. Er muß also mit der Individualisierung und damit der Weiterentwicklung und Variation seiner Impulse bei ihrer konkreten Anwendung gerechnet haben. Was er einmal zu einer Persönlichkeit aus der frühen Waldorf-Bewegung gesagt hat, der er eine bestimmte Aufgabe gestellt hatte, muß auch hier gelten: Auf die Frage des Betreffenden *Dr. Steiner, wie soll ich das machen?* antwortet Steiner *Wie Sie wollen* – Das muß man sich in seiner ganzen Tragweite einmal vor Augen führen. *Wie Sie wollen* – also er spricht die Individualität des Betreffenden an. Er hat ja nicht gesagt *Wie ich es will* oder *Wie Sie denken, dass es mir recht wäre* und auch nicht *Wie es der Methode entspricht.* Sondern eben: *Wie Sie wollen* und sagt insofern *Wenn Sie diese Aufgabe mit Ihrer Individualität durchdringen und ausführen, dann ist es im Sinne eines geistigen Menschenbildes getan.* – Und dann: *Wie Sie* ***wollen***, also der Wille ist aufgerufen. Steiner sagt ja nicht *Wie Sie Lust haben.* Man muß also etwas wollen an der Sache, um die es geht, damit man da den menschenkundlichen Hintergrund der Waldorfpädagogik hineinarbeiten kann. Waldorfpädagogik – und ich schätze, das gilt auch für andere pädagogische Richtungen – ist nur vom Individuum umsetzbar. Das aber heißt, jeder wird es etwas anders verstehen und etwas anders machen. Das ist so in Ordnung, solange er es authentisch tut.

Vor einiger Zeit hörte ich in der Straßenbahn zwangsläufig eine Unterhaltung mit. Zwei Männer tauschten sich über ihre Kinder aus und deren Unberechenbarkeiten. Der eine berichtete ausführlich und mit vielen Beispielen, nach welchen pädagogischen Gesichtspunkten und Prinzipien er seine Kinder erzieht: Wie und wann er diese vor Gefahren warnt; wie er ein ihm gerecht erscheinendes Belohnungs- und Bestrafungssystem entwickelt hat und einsetzt; was seine Kinder dürfen und was nicht, usw. Am Ende fragte er sein Gegenüber *Und wie erziehst du deine Kinder?*. Der andere blickte ins Weite, sann lange nach und sagte dann: *Ich erziehe nicht. Ich bin da.*
Was kann das konkret heißen und was kann es konkret bedeuten für die Frage des Umgangs mit Kindern?

Ich möchte mich einer Antwort annähern, indem ich zunächst über ein Schulersatzprojekt berichte, das wir vor einigen Jahren an unserer Erziehungsberatungsstelle in einem sozialen Brennpunkt Dortmunds initiiert haben.

Ausgangspunkt war die Beobachtung, dass wir zunehmend Kinder im Grundschulalter vorgestellt bekamen, die innerlich nicht mehr am Unterricht teilnahmen. Sie galten als *unkonzentriert*, als *ADHS-Kinder* oder auch einfach als *faul*. Die Temperamentvollen unter ihnen störten den Unterricht und galten als *verhaltensgestört*. Die Stilleren träumten sich regelmäßig aus dem Klassenraum. Wenn wir mit solchen Kindern über ihre Sicht der Dinge näher ins Gespräch kamen, so zeigte sich regelmäßig, dass sie ihre Kindheit in einem Zustand verbringen, den wir ein *Beziehungsvakuum* nennen können – ein Beziehungsvakuum sowohl in ihrem schulischen Leben wie in ihrem familiären Leben. Dieses **Beziehungsvakuum** entsteht augenscheinlich dadurch, dass diese Kinder übervoll sind mit Beobachtungen, Erlebnissen, Sorgen, auch Ängsten, für die weder in der Schule Platz ist noch in der Familie, die sich ihrerseits mit einer Menge Probleme herumschlägt, finanzielle Probleme, gesundheitliche Probleme, Überforderung durch Kinder, Partnerprobleme. Die Eltern liegen zum Beispiel in einem erbitterten Scheidungskrieg, der von gegenseitiger Dämonisierung gekennzeichnet ist;

der ältere Bruder hat Ärger mit der Polizei wegen Drogen; der Vater hat seine Arbeit verloren. Die Kinder bekommen das alles mit, atmosphärisch sowieso, aber auch oft, weil all diese Probleme ungefiltert vor ihnen ausgebreitet werden. Sie sind so voll davon, dass sie dem Unterricht kaum mehr folgen können. Der Unterricht erreicht sie nicht mehr. Die Lehrerin will und muß ja ihren Unterrichtsstoff durchziehen. Dieser hat aber mit der Lebenswirklichkeit solcher Kinder oft nichts mehr zu tun, jedenfalls aus Sicht dieser Kinder nicht. So gesehen, so wurde uns klar, geschieht dieses Sich-Aus-klinken aus dem Unterricht zurecht, jedenfalls nachvollziehbar, insofern ein verständlicher und berechtigter Hinweis darin lag. Und von *Hinweis* zu sprechen, ist hier eigentlich zu wenig. Es war ein Hilferuf.

Wir haben deshalb gemeinsam mit solchen Kindern nach einem anderen Zugang zum Lernen gesucht, einem Zugang, den sie mit ihren eigenen Erlebnissen und Erfahrungen in Verbindung bringen können. Wir wollten ihre Erfahrungen und Erlebnisse also ernst nehmen und wollten aufgreifen, was sie beschäftigt, anstatt ihnen

vorgefertigten *Stoff* einzutrichtern. So entstanden zunächst Lernnachmittage, in denen solche Kinder bei uns in der Beratungsstelle zusammenkamen und zuerst erzählen konnten, was sie aktuell beschäftigt. Anknüpfend hieran wurde in Absprache mit der Kindergruppe eines der von den Kindern aufgeworfenen Themen aufgegriffen und zum Lerngegenstand für diesen Nachmittag gemacht.
Sehr häufig kam das Thema *Trennung der Eltern. – Meine Eltern streiten dauernd und jetzt hat meine Mutter meinen Vater rausgeschmissen und ich weiß nicht, ob ich ihn wiedersehe.* Fast alle Kinder hatten hierzu ähnliche Erlebnisse, so dass sie sich schnell einig wurden, Trennung der Eltern zum Unterrichtsthema zu machen. Die von diesem Thema betroffenen Kinder konnten sich zunächst austauschen über ihre Erfahrungen damit. Sodann führte die Lehrerin strukturierende, ordnende Gesichtspunkte ein: Welche Rechte haben Kinder, wenn die Eltern sich trennen?
Kinder haben zum Beispiel ein Kontaktrecht. Sie haben das Recht auf regelmäßigen Besuch beim Vater und können dies auch notfalls über das

Jugendamt einfordern. Über so etwas muß man Kinder heute informieren.
Kinder haben auch das Recht, dass Eltern, auch wenn sie sich als Ehepaar getrennt haben, sich weiterhin gemeinsam und in gegenseitiger Absprache um das Wohl des Kindes kümmern. – Kinder haben das Recht, auch nach Trennung beide Elternteile weiterhin mögen zu dürfen. Sie brauchen sich nicht auf eine Seite ziehen zu lassen. Und sie brauchen sich auch nicht als Spion einsetzen zu lassen. Sie brauchen auch nicht Schiedsrichter zwischen den Eltern zu sein und auch nicht Briefträger. Sie können es sich verbitten, wenn der eine Elternteil schlecht über den anderen redet in ihrer Gegenwart. Kinder sind nicht aufgerufen, zwischen den getrennten Eltern zu vermitteln oder gar zu versuchen, sie wieder zusammenzubringen. Und: Kinder dürfen ihren Eltern und anderen Vertrauenspersonen erzählen, was sie in diesem Zusammenhang bewegt und bedrückt.

In einem weiteren Teil eines solchen Nachmittags ging es manchmal auch um rechtliche und finanzielle Fragen, weil die Kinder Sorge hatten,

dass jetzt zu wenig Geld da sei, oder auch, dass das Jugendamt sie jetzt holt.
Zu einem andern Zeitpunkt konnte das Thema *Trennung* auch unter einem anderen, allgemeineren Aspekt aufgegriffen werden: Wie kann man überhaupt mit Konflikten umgehen? Was kann man tun, wenn man mit jemand in Streit gerät? Oder: Wie ist das mit einer Freundschaft, wenn man mal enttäuscht ist über einen Freund? – Man könnte solchen, immer gesprächsweise durchgeführten, Unterricht auch Teil einer *Beziehungskunde* nennen.

Die Kinder in diesem Projekt brachten sowohl harmlose wie eben auch weniger harmlose bis hin zu für sie existenziell relevanten Themen mit, aber sie brachten immer Themen mit. Der erste Mathe-Unterricht in diesem Projekt entstand spontan, als ein Kind erzählte, dass in seiner Straße Aushubarbeiten im Gange seien für eine erweiterte Kanalisation. Aus der Frage *Wie lange brauchen die wohl?* entstand ein Gespräch über Hubmengen und die Kapazität von Baggern und so gelangten wir zu der Textaufgabe *Ein Bagger braucht 3 Tage für einen Aushub, der*

26 Meter lang ist, 2 Meter breit und 1,80 Meter tief (die Kinder waren kurz hinausgegangen, um es auszumessen). *Wie lange würden 2 Bagger brauchen?*

Auch aus den Zusammentreffen selbst entstanden Lernthemen: Zum Beispiel konnte das Thema *Migration* aufgegriffen werden, als ein Junge sich lustig machte über das Kopftuch eines Mädchens aus Marokko. Die Gruppe wurde aufgefordert, das Mädchen zu fragen, was es damit auf sich hat, und so kamen wir schließlich auf die Themenbereiche *Heimat und Fremdheit* und *Gleichsein und Anderssein.*

Die Kinder kamen augenscheinlich gerne, es kamen immer alle, und wir haben während dieser Nachmittage kein Kind als *unkonzentriert* oder *verhaltensgestört* erlebt. Der Grund scheint offensichtlich: **Die Kinder fühlten sich wahrgenommen und ernstgenommen in ihrem Erleben, in ihren Gedanken und Sorgen. Das läßt Beziehung entstehen.**

Anhand solcher und ähnlicher Erfahrungen kristallisiert sich die These heraus, dass sogenannte *Verhaltensauffälligkeiten* bei Kindern zu einem großen Teil Reaktionen sind auf ein Beziehungsvakuum. Diese These meint nicht und unterstellt nicht, dass Eltern oder auch Lehrerinnen oder Lehrer das Kind nicht mögen. Sie meint vielmehr, dass der Erwachsene von seinen Belangen derart absorbiert ist, dass er die Belange des Kindes nicht aufgreift, ja, sie vielleicht gar nicht erst wahrnimmt. Belange der Erwachsenen: das ist der Druck des Lehrplans; das ist die Trennungssituation; das sind finanzielle Sorgen; das ist der Duck des Arbeitsamtes auf die alleinerziehende Mutter, arbeiten zu gehen.

In Waldorfzusammenhängen hört man oft die Sorge, das Kind könnte zu früh oder jedenfalls unpassend zu seiner Entwicklungssituation mit solchen Themen konfrontiert werden. Man hat Angst, Kinder zu belasten mit Themen wie Drogen, Streit unter Eltern und dergleichen, aber auch durch zu frühes Anregen von Reflexion über Gegebenheiten und Probleme der Erwachsenenwelt.

Dazu ist zunächst zu sagen, dass dieser Einwand, ideal-pädagogisch gesehen, sicherlich sehr richtig ist und dass man natürlich niemals solche Themen von außen her an ein Kind herantragen würde. Aber die Alltagswelt, auch in manchen Waldorffamilien, ist häufig so, dass Kinder mit all diesen Unzuträglichkeiten eben doch und unausweichlich konfrontiert sind. Dies nicht aufzugreifen, womöglich es sogar aktiv zu verschweigen oder abzuwehren (*Das geht dich nichts an. – Dafür bist du noch zu klein.*), kann aber eben auch zu diesem *Beziehungsvakuum* führen. Das Kind hat dann den Eindruck, dass es innerlich mit Dingen befasst ist, mit denen es nicht befasst sein sollte und über die es nicht reden kann, die aber andererseits ja durch Erwachsene an es herangetragen wurden. Das schafft Distanz zum Erwachsenen. Und das ist dann der Ausgangspunkt dafür, dass die eigentlich tragende Beziehung zum Erwachsenen sich zu verflüchtigen beginnt.

Kinder unterscheiden sich von Erwachsenen unter anderem darin, dass sie mit der Diskrepanz zwischen dem, was ist, und dem, was sein sollte, durchaus mit Interesse umgehen

können statt mit Verleugnung. Das heißt, sie haben die Bereitschaft, sich mit dieser Diskrepanz auseinanderzusetzen. Dazu brauchen sie aber dann den Erwachsenen.

Kinder reagieren auf die verschiedenen Belastungsfaktoren eben nicht mit Verleugnung, sondern begegnen ihnen mit ihren individuellen Möglichkeiten, ihren Stärken und ihren Schwächen. Viele Kinder können glücklicherweise die Probleme einfach an sich ablaufen lassen, die Erwachsene mit sich und der Diskrepanz von Ideal und Wirklichkeit haben. Andere Kinder reagieren aber lärmend, *auffällig*, also mit dem, was der gerne fachkundige Laie *Verhaltensstörung* nennt. Diese *Verhaltensstörung* ist aber oft nichts weiter als das Resultat der Auseinandersetzung des Kindes mit seiner Umwelt, die ja ihrerseits auch ihre Stärken und Schwächen in die Welt des Kindes hineinbringt. Ein Kind hat natürlich immer seine eigenen Gesichtspunkte, aber es versucht auch, die Erwachsenen zu verstehen. Je nach Temperament steht das eine oder das andere mehr im Vordergrund. Manche Kinder reagieren mit Verantwortungsübernahme und passen sich den Normen und auch den

Tabus der Erwachsenen an, damit diese Ruhe geben. Manche Kinder sind Antennen für die hintergründigen Probleme der Erwachsenen.
So wird uns beispielsweise ein sanguinisches Kind, das ständig Geschichten erfindet, als *pathologischer Lügner* vorgestellt. Läßt man sich aber auf seine Sicht der Dinge ein und hört, wie es selbst seinen Lebenszusammenhang erlebt, so erfährt man, dass seine Eltern sich und anderen und besonders den Kindern ständig etwas vormachen. Sie spielen *heile Familie*, haben innerlich aber nichts mehr miteinander zu tun. Wer also ist hier *verhaltensgestört*?
Das Kind hatte mit einer seiner Stärken reagiert auf das, was es wahrgenommen hat. Gerade der Sanguiniker verfügt über diese Fähigkeit, über das wahrnehmungsmäßig Gegebene hinauszudenken und hinauszuphantasieren, kann sich Alternativen ausdenken und klebt nicht an dem, was ist. So wurde dieses Kind zum Geschichtenerfinder und hielt den Erwachsenen damit einen Spiegel vor. *Ich kann viel besser Geschichten erfinden als ihr mit eurer Familiengeschichte, die genauso wenig wahr ist wie meine Geschichten.* So etwa lautete seine Botschaft.

Viele Kinder durchschauen die untergründigen Motive und Gedanken der Erwachsenen, besonders in deren Umgang mit ihnen. Sie sind allergisch gegen Unechtheit und reagieren mit Frechheit, Zynismus oder innerem Rückzug, wenn man sie für dumm verkaufen will. So berief zum Beispiel eine Lehrerin eine dramatische Fallkonferenz ein, weil sie bei einem zwölfjährigen Schüler einen Pornoclip auf seinem Handy entdeckt hatte. Die von den Lehrern erörterten Vorschläge gingen bis zur Unterbringung in der stationären Psychiatrie. Der Junge selbst, der dabei sein mußte, sah seine Lehrerin am Ende an und sagte trocken: *Sie haben doch selbst ein Problem damit. Sie trauen sich doch gar nicht, über Sexualität zu sprechen.*

Die wahrscheinlich häufigste Kindheitsbelastung unserer Zeit ist die Trennung der Eltern, was ihr an untergründigen Spannungen, Enttäuschung und auch Unechtheit vorausgeht, und was dieser folgt als Krieg der gefallenen Sterne. In den meisten Fällen ist die Trennung ein für das Kind unverstehbarer, nicht nachvollziehbarer und vor allem zutiefst verunsichernder, wenn nicht entwurzelnder Vorgang.

Auch wenn es vorher offene Streitigkeiten und langfristige Konflikte zwischen Vater und Mutter mitbekommen hat und insofern manchmal sogar eine Art Einsicht in die Unvermeidlichkeit der Trennung haben kann, wird es mit Verlassenheitsgefühlen, wenn nicht mit Schuldgefühlen reagieren. Jedes Kind erlebt sich in der akuten Trennungssituation sehr allein und fragt sich, was es dazu beigetragen hat, dass ein Elternteil, meist ist es ja der Vater, nun wegzieht. Es meint, auch wenn uns das irrational erscheint, verantwortlich für das Geschehene zu sein, was so weit gehen kann, dass es sich aufgerufen fühlt, zu versuchen, die Eltern wieder zusammenzubringen. Erwachsene lassen sich oft darüber täuschen, wie einschneidend diese Situation für das Kind ist, weil es ihnen gegenüber eine verständnisvolle, manchmal sogar tröstende Haltung einnimmt. Dass das Kind sich so verhält, heißt aber keineswegs, dass es gut mit der Trennung zurechtkommt, sondern stellt bereits ein das Kindsein überschreitende Reaktion dar: Es ist niemals Aufgabe des Kindes, einen Erwachsenen zu trösten, ihn zu verstehen oder sich sogar verantwortlich für ihn und seine Stimmungen zu fühlen.

Diese so *vernünftig* reagierenden Kinder sind insofern bereits keine Kinder mehr. Sie haben, was die Trennungssituation betrifft, in der sie sich zurechtzufinden versuchen, nicht nur keine heile, sondern überhaupt keine Kindheit, weil sie in die Belange der Erwachsenen hineingezogen sind.
Andere Kinder reagieren auf die Trennung der Eltern mit Wut, wieder andere reagieren regressiv, das heißt, sie nässen wieder ein, fallen in clowneskes Verhalten, und wieder andere reagieren mit innerlicher Verabschiedung bei äußerlicher Anpassung. Trennungskinder, die natürlich immer die Sehnsucht haben, dass Vater und Mutter wieder zusammenkommen, werden oft auf die übelste Weise angelogen und zum Publikum eines Schmierentheaterstückes gemacht, wenn zu bestimmten Anlässen – Weihnachten etwa – so getan wird, als sei man doch eine heile Familie. Wenigstens an Weihnachten sollen alle wieder zusammensein, und vom Kind wird erwartet, dass es glücklich lächelnd zwischen Vater und Mutter unterm Tannenbaum sitzt, fröhlich Geschenke auspackt und die Krippe anschaut als den Inbegriff der heilen Familie

(Wieso eigentlich? Laut Bibelbericht handelte es sich um eine Stieffamilie). Kinder durchschauen solche Zynismen, getrauen sich aber selten, sie direkt anzusprechen. Sie passen sich entweder den Erwartungen der Erwachsenen an und spielen mit – dies typischerweise mit einem inneren Gefühl der Leere und Verlassenheit. Oder sie protestieren auf indirekte Art, das heißt in der Sprache des Verhaltens. Sie verweigern das Mitsingen der seligen Lieder, verweigern die Freude über ein Geschenk, stochern provozierend im Weihnachtsmahl herum oder werden frech, indem sie schon mal den Wunschzettel für das nächste Jahr durchgeben.

Ebenfalls eine häufige Folgebelastung der Trennung ist die *Entkindung* dadurch, dass der Erwachsene das Kind für seine partnerschaftlichen Probleme und Unerlöstheiten zum Gesprächspartner macht und versucht, es in die Solidarisierung mit ihm hinein zu manipulieren. Oft versuchen beide Elternteile, das Kind jeweils auf ihre Seite zu ziehen oder es in ihren Konflikten, die sie auch nach Trennung weiterhin verbissen untereinander austragen, zum Schiedsrichter zu machen.

Kinder werden als Spione eingesetzt und zum Beispiel nach dem Besuch beim Vater ausgefragt, ob denn die neue Freundin wieder da war und ob die eigentlich auch kochen kann. Oder der Vater, der sich Unterhaltsforderungen ausgesetzt sieht, jammert dem Kind etwas über seine engen finanziellen Möglichkeiten und die unverschämten Ansprüche der Mutter vor.
Bis ins Leibliche hinein können Kinder funktionalisiert und zum Partnerersatz gemacht werden. Sie werden in das jetzt verwaiste Ehebett geholt und sollen die Wärme geben, die der zurückbleibende Elternteil nicht mehr hat.

Erziehung, ja Beziehung macht in einer solchen Situation oft Pause. Stattdessen wird das Kind als Kind vergessen und, als wäre es ein Erwachsener, hineingezogen in die Belange und Unerlöstheiten des Erwachsenen. Sehr viele Trennungskinder werden in dieser oder einer ähnlichen Weise instrumentalisiert.
Was das Trennungskind aber brauchen würde, wäre zum einen Ehrlichkeit bezüglich der eigenen Derangiertheit des Erwachsenen (ohne das Kind inhaltlich in seine Belange hineinzuziehen),

zum anderen einfach eine Präsenz, die der Derangiertheit des Kindes wieder festen Boden geben könnte.
Auch hier, in der Trennungssituation, geht es nicht primär um irgendwelche gefinkelten Erziehungsmethoden, nicht um pädagogische Patentrezepte, die wir sowieso nicht haben, sondern darum, dass mit dem Eigenerleben, mit der eigenen Sicht- und Erlebensweise des Kindes gerechnet wird und dass dies erfragt und begleitet wird. Wo dies fehlt, weil der Erwachsene von sich selbst, seiner Aufwühlung, seinem Zorn, seiner Verletztheit vollständig absorbiert ist, entsteht eben jenes Beziehungsvakuum, das man klinisch *Bindungsstörung* nennen könnte, auch wenn im ehemaligen Ehebett noch so eng mit dem Kinde geschmust wird.

Unterschätzen wir übrigens und andererseits nicht die Unterstützung, die sich Kinder gegenseitig geben können. Kinder können sich auch gegenseitig *erziehen* und das geht deswegen, weil sie spontaner und schneller und unvoreingenommener als Erwachsene Beziehungen eingehen. Hierzu wiederum ein Beispiel aus unserer Arbeit:

Wir hatten eine Gruppe von Kindern zusammengestellt, die wegen Defiziten im Sozialverhalten vorgestellt wurden. Ihnen fehlten soziale Kompetenzen, wie sich gegenseitig abstimmen zu können, oder auch grenzwahrenden Kontakt aufnehmen zu können. Die Kinder trugen diese Probleme natürlich in die Gruppe. Wir haben, anstatt Regeln und Disziplin durchzusetzen, die Kinder von Anfang an angehalten, sich gegenseitig Rückmeldung zu geben und dabei eigene Grenzen sowie die Grenzen des Gegenübers wahrzunehmen und zu beachten. So entstand unter den Kindern selbst ein Kriterienkatalog, der zur Leitlinie des sozialen Verhaltens in der Gruppe wurde: Wie möchte ich angesprochen werden? In welcher Lautstärke? Was stört mich? Wodurch störe ich möglicherweise andere? Von wem und wann und wo ist es mir recht, angefaßt zu werden, und von wem und wo nicht? Wie zeige ich, dass ich müde bin, dass ich traurig bin, oder auch, dass ich heute ziemlich gut drauf bin? Wie zeige und wahre ich meine Grenzen, ohne die Grenzen des anderen zu verletzen? Wie kann ich herausfinden, wie der andere drauf ist? An welchen Gesten, welchem Gesichtsausdruck

sehe ich, ob der andere ängstlich, traurig oder eben fröhlich ist? Und was tue ich, wenn ich das nicht sehen kann?
Man würde auch hier unter Waldorfgesichtspunkten solche Reflexionen nicht anregen, besonders im Grundschulalter nicht, weil man das zu intellektuell findet oder Sorge hat, zu früh ein kritisches Bewußtsein zu stimulieren. Unsere Erfahrung legt aber das Gegenteil nahe: Es trat eine Beruhigung ein, eine Deeskalation. Es entstanden immer ausgedehntere Phasen der Ruhe und der träumerischen Hingabe an ein Spiel, nachdem solche Reflexionen durchgeführt waren. Das heißt, das Eintauchen in einen, laut Lehrbuch, altersgemäßen Bewußtseinszustand war möglich, nachdem und offenbar weil solche Reflexionen durchgeführt worden waren.

Ich möchte noch von einem anderen Beispiel berichten, wie Kinder in ihren Beobachtungen und Gesichtspunkten ernstgenommen und damit in eine von gegenseitiger Achtung gefüllte Beziehung zwischen Lehrer und Schüler genommen werden können.

Ausgangspunkt ist hier die Tatsache, dass alle Kinder ihre Lehrer und Lehrerinnen beurteilen. Sie haben Wahrnehmungen, Meinungen, Erfahrungen und eben auch Urteile, schmeichelhafte und weniger schmeichelhafte. Weil sie diese Urteile, soweit sie Erwachsene betreffen, nicht kommunizieren dürfen, gehen viele Kinder innerlich auf Distanz zu ihren Lehrerinnen und Lehrern. In unserer Gesellschaft, in unserem Schulsystem, ob staatlich oder Waldorf, sind solche Meinungen und Urteile von Kindern über ihre Lehrer tabu. Kinder reden darüber allenfalls untereinander. Und Kinder, Jungs sind es zumeist, die dann doch einem Erwachsenen oder gar dem Lehrer selbst gegenüber solche Meinungen und Urteile aussprechen, gelten als frech, bzw. in Waldorfkreisen als *kopfig*.
Machen wir uns klar, dass Kinder diesbezüglich in einer sehr einseitigen Beziehung zum Erwachsenen aufwachsen: Sie selbst werden ständig, wirklich ständig, beurteilt – hinsichtlich ihrer Leistungen sowieso, aber auch hinsichtlich ihres Verhaltens, in einigen Bundesländern sogar geradezu amtlich durch die sogenannten Kopfnoten. Sie sind ausdrücklich unablässiger Beobachtung,

Beurteilung und Bewertung ausgesetzt.
Wie kommt man nun auf die Idee, dass Kinder selbst nicht auch beobachten, beurteilen und bewerten? Oder wie kommt man zu der Norm, dass solche Beobachtungen und Meinungen irrelevant oder unbegründet seien? Sicherlich haben Kinder für ihre Beobachtungen und Urteile andere Kriterien als Erwachsene. Aber so wie das Urteil des Lehrers über einen Schüler maßgeblich ist für seinen Umgang mit diesem Schüler, so ist das Urteil eines Kindes über einen Lehrer zum Beispiel maßgeblich für sein Verhalten diesem Lehrer gegenüber.
Ich plädiere deshalb dafür, dass Kinder in einer organisierten Form und offiziell ihre Lehrerinnen und Lehrer beurteilen können. Ich beschreibe sogleich, wie das aussehen kann. Zuerst sei aber gefragt, was der Gewinn dabei ist. Der Gewinn ist wieder, dass die Kinder sich ernst genommen fühlen und dass dies beiträgt dazu, dass sie sich in einer tragenden Beziehung fühlen. Während die Tabuisierung solcher Schülermeinungen eher zu einer inneren Distanz und damit zur Schwächung der Beziehung und Bindung zum Erwachsenen führen kann.

Nun, wie kann das aussehen? Zum Beispiel könnten, ab der dritten oder vierten Klasse, ältere Schüler, die hierfür offiziell von den Lehrern beauftragt sind, die Schüler am Anfang des Schuljahres anhalten, eine Art Protokoll ihrer Beobachtungen an Lehrern anzufertigen. Dies muß nicht jeder einzelne Schüler tun, wahrscheinlich will es auch nicht jeder einzelne, sondern drei oder vier Schüler werden von der Klasse hierfür beauftragt. Diese legen für jeden Lehrer und jede Lehrerin einen Protokollbogen oder ein Protokollheft an, das zwei Hälften hat: Auf der einen Hälfte werden kritische Beobachtungen und Urteile aufgeschrieben, auf der anderen Hälfte positive Beobachtungen und Urteile. Jeder Schüler kann solche Beobachtungen und Urteile im Laufe des Schuljahres den Beauftragten zu Protokoll geben. Zum Schuljahresende fassen die Protokollanten in einer Schulstunde, in der dafür Raum gegeben wird und in der außer der Klasse auch der ältere Schüler anwesend ist, diese beiden Hälften jeweils zusammen. Dies wird dann schriftlich ausformuliert und in die Form eines Zeugnisses für jeden Lehrer gebracht. Da steht dann zum Beispiel: *Frau Müller, bitte schreien sie nicht so oft* oder *Frau Schröder, Sie vergleichen immer die Jungs mit den Mädchen* oder *Herr Mittelstedt, Sie können gut erklären* oder *Frau Sänger, sie erzählen immer so spannende Geschichten.* – Ein solches Zeugnis wird dann sehr offiziell im Rahmen einer Feierstunde den Lehrern übergeben.

Möglicherweise wird man fürchten, dass Kinder so eine Möglichkeit *ausnutzen*, um ihrem Unmut Luft zu machen. Oder man fürchtet, dass die Kinder damit überfordert sind. – Natürlich wird es einige Kinder geben, die das ausnutzen, und natürlich sind die Kinder insofern damit überfordert, dass sie keine *objektiven* Urteile abgeben können.
Was das erste Bedenken betrifft, so wird es aber eine gegenseitige Selbstregulation in der Klasse geben. Und man kann auch eine Bremse einbauen, zum Beispiel so, dass das, was die Protokollanten aufschreiben sollen, nur jeweils am Ende der Woche ihnen vorgetragen wird. Damit verhindert man, dass spontane Urteile, vielleicht aus einem augenblicklichen Frust heraus gefällt, verewigt werden.

Und was das zweite Bedenken betrifft, so würde ich von Kindern gar keine *objektiven* Urteile erwarten – ich erwarte sie übrigens auch von Lehrern nicht –, sondern ich würde erwarten, dass die Kinder auf diese Weise zu einem bewußten und reflektierten und untereinander abgestimmten Urteilen kommen durch diese Legalisierung ihrer Meinungsbildung. Wichtig ist nicht, ob das Zeugnis dann in einem objektiven Sinne *stimmt* – wann stimmt ein Urteil über einen Menschen schon? Schließlich wissen wir Erwachsenen, dass kein Mensch abschließend beurteilt werden kann. Vielmehr geht es darum, dass Schule damit zeigt, wir nehmen euch auch an dieser Stelle ernst und beziehen eure Gesichtspunkte ein.

Man kann die Frage von Rudolf Steiner an Schüler der ersten Waldorfschule *Habt ihr eure Lehrer lieb?* in diese Richtung verstehen. Die Frage klingt ja für heutige Ohren etwas altväterlich, etwas komisch vielleicht auch, moralin, besonders wenn man daraus eine Aufforderung hört *Ihr sollt eure Lehrer liebhaben*. Man kann diese Frage aber auch als Aufforderung in die hier vertretene Richtung auffassen: *Denkt darüber nach, ob ihr eure Lehrer lieb haben, also schätzen und achten könnt.* Die Frage enthält dann auch eine Aufforderung an Lehrer, sich so zu verhalten, dass die Kinder sie achten und schätzen können. Und damit sind wir wieder bei dem Eingangsbeispiel, wo es ja auch um eine das Kind ernstnehmende pädagogische Haltung von Rudolf Steiner ging.

Um also zusammenzufassen:

1. Viele sogenannte Verhaltensauffälligkeiten bei Kindern entstehen aus einem Beziehungsvakuum heraus.

2. Ein Beziehungsvakuum entsteht nicht, wenn sich Kinder ernstgenommen fühlen. Es braucht dazu eine Haltung beim Erwachsenen, der natürlich zu führen und Orientierung zu geben hat, der dies aber anknüpft an die Erfahrungen der Kinder selbst, wie sie sie heute eben machen, und nicht nur anknüpft an Normen, Lehrplänen und an pädagogischen Rezepten.

Unsere Aufgabe als Erwachsene ist heute nicht nur, Kindern etwas *beizubringen* – Wissen, Können, Werte, Normen –, sondern fragend, befragend Raum zu schaffen für die manchmal bedrängende Fülle dessen, was Kinder heute erleben. In der Ordnung, eventuell auch Beruhigung und im Weiterführen dessen, was das Kind auf der Seele hat, liegt heute die orientierunggebende Funktion des Erwachsenen. Bekanntlich lassen sich Kinder sehr gerne etwas beibringen, sie sind wißbegierig und lernbereit. Aber sie müssen erleben können, wie dieses, was ihnen beigebracht wird, im Verhältnis steht zu dem, was sie erleben.
Es ist nicht gut, dass viele Kinder heute in einem Spannungsfeld zwischen Überbehütung einerseits und Desinteresse an ihrer Sichtweise andererseits aufwachsen. Beide Pole dieses Spannungsfeldes enthalten die Botschaft: Wir trauen dir wenig zu.

Wenn wir es uns angewöhnen, nicht nur über Kinder zu reden, sondern zunächst einmal mit ihnen, so werden wir feststellen, wie eigen, wie voll und oft auch wie belastet ihre innere

Welt ist. Man kann mit Kindern über alles reden – wenn man sie befragt. Es ist trotzdem – auf dem Hintergrund des immer noch durch die private wie die offizielle Pädagogik wabernden Bildes vom tumben Kinde – immer wieder erstaunlich, wie direkt, wie offen Kinder über alles nachdenken und sprechen. Sie beobachten ihre Eltern, ihre Lehrer. Sie machen sich Gedanken darüber, wie Erwachsene sich verhalten und wie diese miteinander umgehen. Sie bekommen es trotz Vertuschungsversuchen seitens der Eltern mit, wenn die ältere Schwester Drogenprobleme hat, und knüpfen daran weitreichende Gedanken. Sie spüren es, wenn ein Elternteil den andern nicht mehr achtet. Sie sind besonders sensibel für alles Unechte. Sie sind, auch wenn sie nicht aus Waldorfzusammenhängen kommen, imstande, anläßlich des Todes eines Geschwisterkindes über ein Leben nach dem Tode und über Möglichkeiten der Wiedergeburt nachzudenken. Sie können unbefangen von Engeln erzählen und sie können über das Böse spekulieren. Oft aber wollen sie den Erwachsenen schonen und vertrauen deshalb ihren Eltern ihre Sorgen nicht immer als erste an. Sie haben

Glücksmomente, über die sie aber oft auch nicht sprechen mit Erwachsenen, teils, weil das wohl uncool ist, teils weil man fürchtet, der Erwachsene zerlege dieses Glücksmoment. Ein Junge erzählt zuhause, wie sehr er sich freut, dass er für heute Nachmittag zum Geburtstag eines Schulkameraden eingeladen ist. Wenn die Mutter dazu nur sagt *Mach erst mal deine Hausaufgaben*, dann wird er so schnell nicht wieder von solchen Glücksmomenten erzählen.
Kinder erleben Freundschaften und den Bruch von Freundschaften. Sie erleben Mobbing in der Schule. Sie erleben Enttäuschung am getrennten Vater, der sich seit Monaten nicht mehr meldet. Über all das kann man mit Kindern sprechen, schon deshalb, weil sie selbst ihre Meinungen und Urteile gar nicht unbedingt als endgültig betrachten, jedenfalls sind sie oft schnell bereit, im Gespräch ihre Meinung zu ändern. **Kinder haben eine enorme Bereitschaft, sich auseinanderzusetzen.** Leider greifen Erwachsene das selten auf und verkürzen die Kommunikation mit dem Kind auf Ge- und Verbote, auf Ermahnungen und auf Beurteilungen. **Wenn wir aber fragend Raum schaffen, entsteht Begegnung.**

Wenn dies nicht gelingt, dann sind wir nicht individuell, nicht echt gewesen, sondern spielen irgendeine Rolle – als Vertreter(in) eines bestimmten Mutterbildes, eines bestimmten Vaterbildes, einer Norm, eines religiösen Dogmas, einer pädagogischen Methode, usw.
Hierin, im Mißlingen dieser Begegnung, scheint mir dann auch der Grund zu liegen, warum Kinder und Jugendliche trotz Lernbereitschaft dasjenige, was wir ihnen beibringen wollen, oft nicht übernehmen oder sogar aktiv ablehnen. Als These formuliert: **Kinder lehnen alles ab, was aus ihrer Sicht nicht authentisch ist.** Sie durchschauen es, wenn beim Erwachsenen eine große Lücke klafft zwischen Anspruch und Wirklichkeit, die aber nicht thematisiert, *beurteilt* werden darf. Für viele ist das zunächst schmerzvoll, dann Gegenstand von Ohnmacht und schließlich Anlass zum Rückzug. Ein Betrogenheitsgefühl stellt sich ein.

Es wird in Zukunft also um eine Erziehung gehen, die auf zwei Ebenen freiläßt und eben deshalb verantwortlich und legitim führt. Die eigentliche und existentielle Abhängigkeit

des Kindes liegt ja darin, dass ihm der Erwachsene seine Schicksalsmöglichkeiten sowohl eröffnen wie verstellen kann. Als grundlegende Geste und Sinn der Erziehung ergibt sich daraus, dass der Erwachsene hinhörend seinen Umgang mit dem Kind an dessen Lebenswelt, dessen Sicht und Erleben der Dinge und an der Bedeutung orientiert, die diese für das Kind selbst hat.

Blickt man auf das Wirken des Schicksals, auf das Gewebe des konkreten Lebenszusammenhanges, in dem das konkrete Kind steht, so zeigt sich ja, dass sowohl die bloße Verbalerziehung wie auch ausgetüftelte pädagogische Maßnahmen dann vergeblich sind, wenn sie mehr zum Schicksalsstrom des Erziehenden als zu dem des Kindes gehören. An dessen Erleben anzuknüpfen, schafft dagegen erst den beiden gemeinsamen kommunikativen Raum. Der Erwachsene trägt diesen, gestaltet ihn und ist für ihn verantwortlich. Das ist nicht primär eine Frage pädagogischer Methoden, sondern der persönlichen Präsenz und Geistesgegenwart des Erwachsenen. Deshalb ist Erziehung kein Handwerk, sondern eine Kunst. – Wenngleich

auch diese Kunst sicherlich nicht ohne solide handwerkliche Fertigkeiten auskommt.
So liegt die Zukunft des Umgangs mit Kindern im persönlichen wachen Da-Sein, das der Mann in der Straßenbahn meinte, als er sagte: *Ich erziehe nicht. Ich bin da.*

Zum Weiterlesen

Mathias Wais:

Das Kind ist der Zukunft näher als der Erwachsene

Wie kommt man zu einer inneren Haltung, die mehr auf die Zukunftschancen unserer Kinder vertraut, statt sich in vagen Vorstellungen über mögliche Zukunftsgefahren zu verlieren?

48 Seiten | 7 € | ISBN 978-3-932161-08-7

Weitere Titel von Mathias Wais bei Gesundheitspflege erschienen:

Entwicklung zur Sexualität

Begleitende Erziehung und Aufklärung

52 Seiten | 8 € | ISBN 978-3-932161-12-4

Mobbing

Der kollektive Doppelgänger

48 Seiten | 8 € | ISBN 978-3-932161-37-7

◂ Weitere Titel siehe Umschlagklappen ▸

Bei GESUNDHEITSPFLEGE initiativ sind u.a. außerdem erschienen:

Helge R. Runte
... Und an den Zähnen hängt der Mensch *(Band 1)*
Das Wesen einer ganzheitlichen Zahnheilkunde
2. Aufl. | 112 Seiten | Klappenbroschur | 14,50 € | ISBN 978-3-932161-34-6

... Und an den Zähnen hängt der Mensch *(Band 2)*
Die Behandlung in einer ganzheitlichen Zahnheilkunde
2. Aufl. | 131 Seiten | Klappenbroschur | 14,50 € | ISBN 978-3-932161-57-5

... Und an den Zähnen hängt der Mensch *(Bd. 1 + 2)*
243 Seiten | Klappenbroschur | 25,00 € | ISBN 978-3-932161-38-4

Karl-Heinz Friese
Tinnitus - ganzheitlich heilen
2. überarbeitete + erweiterte Neuauflage
62 Seiten | Klappenbroschur | 10,00 € | ISBN 978-3-932161-43-8

Michaela Glöckler/Volker Fintelmann/Jürgen Schürholz
Spiritualität & Gesundheit
Am Beispiel der Krebserkrankung
80 Seiten | Broschur | 12,00 € | ISBN 978-3-932161-62-9

Michaela Glöckler
Die Biographie des Menschen und ihre geistigen Gesetze
46 Seiten | Broschur | 7,50 € | ISBN 978-3-932161-03-2

Henning Köhler
Das biographische Urphänomen
Vom Geheimnis des menschlichen Lebenslaufes
83 Seiten | Broschur | 8,50 € | ISBN 978-3-932161-13-1

Bartholomäus Maris
Die Wechseljahre der Frau
Reifung im Zeitalter der Hormonbehandlung
3. überarbeitete + erweiterte Neuauflage
93 Seiten | Broschur | 12,00 € | ISBN 978-3-932161-47-6

Joachim E. Keding
Von nun an geht's bergauf
Männer in den Wechseljahren
64 Seiten | Klappenbroschur | 10,00 € | ISBN 978-3-932161-42-1

Markus Treichler
„Danke, mir geht's gut!"
Wie Männer mit Depressionen umgehen
94 Seiten | Klappenbroschur | 12,00 € | ISBN 978-3-932161-45-2

Stefan Gölz/Matthias Girke
Diabetes mellitus
Verstehen - vorbeugen - ganzheitlich behandeln
160 Seiten | Klappenbroschur | 16,00 € | ISBN 978-3-932161-48-3

Jürgen de Laporte (Hrsg.)
Alle Mädchen gegen Krebs impfen?
PRO & CONTRA: Vier (Frauen-) Ärzte nehmen Stellung
74 Seiten | Broschur | 8,50 € | ISBN 978-3-932161-64-3

Hermann Glaser
Alte und neue Hausmittel zur äusseren Anwendung
Methoden - Indikationen - Tipps
2. überarbeitete + erweiterte Neuauflage
128 Seiten | Hardcover | 18,00 € | ISBN 978-3-932161-63-6